Altoconcio. Mi primera filosofía

ALTOCONCIO:
MI PROPIA FILOSOFÍA

El entendimiento nace de la reflexión, el camino se forja con propósito, la realidad se afirma con acción, el espíritu se calma con serenidad y el destino se escribe con determinación.

RICHAR MANUEL FONSECA MACEO

Círculo Rojo
EDITORIAL

Primera edición: enero 2024

Depósito legal: AL 72-2024

ISBN: 978-84-1061-437-6

Impresión y encuadernación: Editorial Círculo Rojo

© Del texto: Richar Manuel Fonseca Maceo
© Maquetación y diseño: Equipo de Editorial Círculo Rojo

Editorial Círculo Rojo
www.editorialcirculorojo.com
info@editorialcirculorojo.com

Impreso en España — Printed in Spain

INTRODUCCIÓN AL LIBRO *ALTOCONCIO:*
EL CAMINO HACIA LA ALTA CONCIENCIA

E l mundo moderno nos presenta constantemente desafíos y distracciones que nos alejan de nuestra verdadera esencia y nos impiden encontrar momentos de paz y claridad en nuestras vidas. En medio de este vertiginoso ritmo de vida, es fácil perderse y sentirse desconectado de lo que realmente importa. Pero no estás solo en esta búsqueda. Altoconcio es el resultado de unir grandes ideas provenientes de diversas filosofías, como el budismo, el nihilismo y el estoicismo, con las valiosas lecciones aprendidas a lo largo de mi trayectoria personal.

«Altoconcio» es una palabra que he creado para describir una forma de vivir conscientemente y obtener herramientas prácticas que nos permitan mejorar nuestra manera de pensar y actuar en el mundo. En este libro, te invito a unirte a mí en un viaje hacia la alta conciencia explorando las enseñanzas de distintas filosofías y fusionándolas con mi propia experiencia para ayudarte a encontrar un sentido claro de dirección en tu vida.

El budismo nos enseña la importancia de la atención plena y la aceptación de los constantes cambios en nuestras vidas. Nos invita a abrazar el momento presente y a encontrar la serenidad en medio de la inconstancia. El nihilismo nos impulsa a cuestionar y buscar nuestro propio sentido de la vida, incluso cuando todo parece confuso y sin sentido. Nos incita a encontrar nuestro propio camino en lugar de aferrarnos a las expectativas impuestas por la sociedad.

Por su parte, el estoicismo nos ofrece herramientas prácticas para afrontar los desafíos diarios con fortaleza y serenidad. Nos motiva a aceptar aquello que está fuera de nuestro control y a enfocarnos en aquello que sí podemos controlar: nuestras actitudes y acciones. Nos enseña a cultivar la virtud y a vivir en armonía con la naturaleza.

En *Altoconcio*, combinaremos estas filosofías en un enfoque holístico para ayudarte a vivir de manera más consciente y con un propósito claro. A lo largo del libro, exploraremos diferentes prácticas y ejercicios incluyendo meditaciones y reflexiones que te permitirán cambiar tu vida de forma positiva y lograr una mayor realización personal.

Pero Altoconcio no es solo un conjunto de ideas, es un compañero en tu viaje hacia un conocimiento más profundo de ti mismo y hacia una vida más equilibrada y plena. Te ofrezco mis propias experiencias y aprendizajes para que puedas aplicar las enseñanzas de este libro de manera práctica y significativa en tu día a día.

Entonces, ¿estás listo para comenzar esta aventura de autodescubrimiento y desarrollo personal? Si estás buscando una guía que te inspire a vivir de manera más consciente, a encontrar tu propio camino y a enfrentar los desafíos con fortaleza y serenidad, este libro está especialmente diseñado para ti. Permítele ser tu compañero en el camino hacia una mejor conciencia y una vida más plena.

En las páginas siguientes, exploraremos juntos las herramientas y los conocimientos necesarios para cultivar una mayor conexión con nosotros mismos y con el mundo que nos rodea. A través de la práctica regular y la aplicación de las enseñanzas de *Altoconcio*, te animo a descubrir tu propia verdad y vivir de acuerdo con ella.

Prepárate para embarcarte en esta apasionante aventura de descubrimiento interior y transformación personal. Altoconcio te acompañará en cada paso del camino recordándote que la alta conciencia y el propósito están al alcance de tu mano. ¡Es hora de dejar atrás la confusión y abrir la puerta a una vida más consciente y plena!

CAPÍTULO 1.
DEFINIR TU PROPÓSITO

❧ ⁓ ❧

PRINCIPIO 1.
REFLEXIÓN PROFUNDA Y AUTOEXPLORACIÓN

La búsqueda del propósito es un viaje interno que requiere de una reflexión profunda y una exploración de nuestro ser. Tomarse el tiempo necesario para analizar nuestros valores, intereses y habilidades es fundamental para comprender qué es lo más importante para nosotros y qué nos inspira en la vida.

Durante este proceso de reflexión, es importante apartarse de las distracciones diarias y encontrar un espacio tranquilo donde podamos conectarnos con nosotros mismos. Podemos considerar preguntas como: ¿cuáles son mis fortalezas y debilidades? ¿Qué actividades me entusiasman y me llenan de alegría? ¿Qué valores son fundamentales para mí? Estas preguntas nos ayudarán a identificar nuestras verdaderas pasiones y metas en la vida.

Por ejemplo, imaginemos a Sara, una joven profesional que ha estado trabajando en una industria en la que no se siente realizada. A medida que reflexiona sobre su vida y sus intereses, descubre que lo que más valora es la creatividad y el impacto positivo en la comunidad. Se da cuenta de que su pasión por el arte y su deseo de hacer una diferencia la impulsan hacia un propósito más significativo y gratificante.

Sara comienza a explorar diferentes formas de expresar su creatividad y generar impacto en la comunidad. Experimenta con distintas formas de arte y se involucra en proyectos que abordan problemáticas sociales relevantes para ella. A través de esta reflexión y autoexploración, Sara se acerca cada vez más a comprender su propósito y cómo puede contribuir de manera significativa a través de su arte.

Principio 2.
Conexión con tus valores y pasiones

Una vez que hemos reflexionado sobre nuestros intereses y habilidades, es importante establecer una conexión más profunda con nuestros valores y pasiones. Los valores son los principios fundamentales que guían nuestra vida y nos ayudan a tomar decisiones alineadas con lo que consideramos importante.

Identificar nuestros valores nos permite definir un propósito que esté en sintonía con nuestra esencia. Al conocer qué es lo que realmente nos importa, podemos tomar decisiones y actuar de acuerdo a nuestros valores, lo que nos brinda una mayor satisfacción y significado.

Siguiendo con el ejemplo de Sara, ella identifica que la creatividad y el impacto positivo en la comunidad son valores fundamentales para ella. Esto le da una base sólida para definir su propósito, que es utilizar su talento artístico para inspirar a otros y generar un cambio significativo en su comunidad a través de proyectos de arte social.

Sara comienza a buscar oportunidades para aplicar su creatividad de manera que tenga un impacto positivo en la comunidad. Colabora con organizaciones sin fines de lucro y participa en proyectos artísticos destinados a abordar problemáticas sociales. Al alinear sus acciones con sus valores, Sara encuentra un mayor sentido de propósito y satisfacción en su trabajo artístico.

Principio 3.
Acción y experimentación

Definir nuestro propósito requiere de acción y experimentación. Una vez que hemos identificado nuestros valores y pasiones, es fundamental dar los pasos necesarios para encontrarnos con nuestro propósito. Establecer metas realistas y dar los primeros pasos hacia ellas nos ayuda a mantenernos enfocados y comprometidos con nuestra búsqueda.

Sin embargo, también es importante estar abiertos a la experimentación. No temamos probar cosas nuevas, explorar diferentes áreas y aprender de nuestras experiencias. El propósito no es algo estático, sino algo que puede evolucionar a medida que crecemos y nos desarrollamos. Permítete cometer errores y ajustar tu enfoque a medida que descubras más sobre ti mismo y lo que te apasiona.

Tomando de nuevo el ejemplo de Sara, luego de definir su propósito de utilizar su talento artístico para generar impacto en la comunidad, puede comenzar a experimentar con diferentes proyectos de arte social. Puede colaborar con organizaciones sin fines de lucro, crear instalaciones artísticas que aborden problemas sociales importantes o incluso dar clases de arte a jóvenes en situaciones desfavorecidas. A través de la experimentación, Sara puede aprender qué enfoques y actividades le brindan mayor satisfacción y están más alineados con su propósito.

PRINCIPIO 4.
VIVIR EN COHERENCIA CON TU PROPÓSITO

Una vez que has definido tu propósito, es crucial vivir en coherencia con él en tu vida diaria. Esto implica tomar decisiones y acciones que estén alineadas con tus valores y objetivos. La coherencia entre nuestra vida y nuestro propósito nos proporciona una sensación de conexión y significado profundo. Nos permite vivir con autenticidad y contribuir de manera significativa al mundo que nos rodea.

En el caso de Sara, vivir en coherencia con su propósito significa tomar decisiones que estén en línea con sus valores, dedicar su tiempo y energía a proyectos de arte social y mantener una mentalidad abierta para seguir aprendiendo y creciendo en su área de interés. Esto implica, por ejemplo, elegir colaboraciones que estén en sintonía con su propósito y rechazar oportunidades que no se alineen con sus valores centrales.

Sara encuentra formas de integrar su propósito en diferentes aspectos de su vida. Aprovecha su pasión por el arte y la creación para impactar positivamente en su comunidad, así como también encuentra maneras de aplicar su propósito en su vida personal, en sus relaciones y en otros aspectos de su día a día. Vivir en coherencia con su propósito le brinda una profunda satisfacción y un sentido de dirección en su vida.

Definir nuestro propósito es un proceso que requiere reflexión, conexión con nuestros valores y pasiones, acción y experimentación, y vivir en coherencia con nuestro propósito en todas las áreas de nuestra vida. A través de este viaje, podemos encontrar una mayor satisfacción y significado en nuestra vida diaria. Utilizando estos principios y ejemplos, podemos dar forma a nuestro propósito y trabajar activamente para vivir una vida que esté alineada con nuestras pasiones y valores más profundos. Recuerda que el camino hacia el propósito es único para cada individuo y siempre podemos ajustar y reevaluar a medida que seguimos creciendo y evolucionando. Emergen cambios y oportunidades a lo largo del camino y es a través de la reflexión, la adaptabilidad y la dedicación que encontramos un mayor sentido de propósito y realización en nuestra vida.

Capítulo 2.
Acción activa

❧

Principio 1.
Confianza en uno mismo

La confianza en uno mismo es uno de los cimientos más sólidos para lograr el crecimiento personal y superar los obstáculos que se presentan en nuestro camino. Va más allá de simplemente creer en nuestras habilidades: se trata de tener una fe profunda en nuestro ser y en nuestra capacidad para enfrentar cualquier desafío que se presente. Cuando confiamos en nosotros mismos, podemos tomar decisiones con seguridad y persistir en la búsqueda de nuestras metas, incluso cuando nos encontramos con contratiempos.

Imaginemos a una persona que ha experimentado un amor no correspondido que ha agobiado y distraído su mente. En este caso, desarrollar la confianza en uno mismo implicaría reconocer y valorar su valía más allá de esa relación, volver a conectarse con sus propias pasiones y objetivos personales y confiar en que es capaz de encontrar la felicidad y el éxito por sí mismo.

La confianza en uno mismo también juega un papel fundamental en superar las limitaciones autoimpuestas. A menudo, nos frenamos por miedos y dudas infundadas, lo que puede impedirnos avanzar hacia nuestros sueños y metas. Al fortalecer nuestra confianza en uno mismo, podemos desafiar esas limitaciones y expandir nuestros horizontes. Por ejemplo, alguien que siempre ha soñado con viajar y explorar el mundo puede desarrollar la confianza necesaria para embarcarse en una aventura en solitario confiando en su capacidad para enfrentar los desafíos y disfrutar de la experiencia.

No debemos subestimar el poder de cada paso hacia adelante en la construcción de nuestra confianza. Reconociendo y celebrando nuestros logros pasados, por pequeños que sean, creamos un cimiento sólido de confianza en nosotros mismos. También es importante rodearse de personas que nos apoyen y nos inspiren y buscar modelos a seguir que nos muestren cómo han cultivado su propia confianza a lo largo de su camino.

Principio 2.
Apertura al aprendizaje

La apertura al aprendizaje es una mentalidad que nos permite expandir nuestros horizontes, adquirir nuevos conocimientos y evolucionar constantemente. Implica cuestionar nuestras suposiciones, estar abiertos a diferentes perspectivas y buscar constantemente el crecimiento y la mejora. Al adoptar una mentalidad de aprendizaje, no solo estamos abiertos a aprender de los demás, sino también de nosotros mismos y de nuestras propias experiencias.

Imaginemos a alguien que ha experimentado el sentimiento de no tener un propósito definido en la vida. Al ser abiertos al aprendizaje, podemos explorar nuestras pasiones, intereses y valores, y buscar oportunidades para descubrir nuestro verdadero propósito. Podemos aprender de nuestras experiencias pasadas, incluso de los momentos en los que nos hemos sentido perdidos, y utilizar esos aprendizajes para dar forma a nuestro camino futuro.

La apertura al aprendizaje también implica salir de nuestra zona de confort y abrazar la incertidumbre. Estamos dispuestos a asumir riesgos calculados y a enfrentar nuevos desafíos. Además, alentamos la autocompasión y la aceptación de los errores entendiendo que el fracaso forma parte natural del proceso de aprendizaje y crecimiento. Al adoptar una actitud de aprendizaje constante, nos volvemos más adaptables, versátiles y capaces de enfrentar los cambios y desafíos sin temor.

Tomando el ejemplo de la búsqueda de un propósito, una persona puede embarcarse en distintas experiencias y oportunidades para aprender y descubrir lo que realmente lo motiva. Puede investigar nuevas áreas de conocimiento, asistir a talleres y conferencias, leer libros inspiradores y buscar mentores que lo guíen en su camino. Al estar abiertos al aprendizaje, podemos nutrirnos de diferentes fuentes, expandir nuestro conocimiento y forjar una visión más clara de lo que realmente nos impulsa.

PRINCIPIO 3.
RESILIENCIA Y PERSEVERANCIA

La resiliencia y la perseverancia son componentes esenciales en el camino hacia el crecimiento personal. La resiliencia nos permite enfrentar la adversidad, recuperarnos de los contratiempos y salir fortalecidos de las experiencias difíciles. Es la habilidad de adaptarnos y florecer incluso en las circunstancias más desafiantes. La perseverancia, por su parte, implica mantenernos enfocados y determinados a seguir adelante, incluso cuando nos encontramos con obstáculos y momentos de duda.

Imaginemos a alguien que ha superado la carga emocional y las expectativas de otras personas que antes obstaculizaban su camino. La resiliencia le permitió no dejarse arrastrar por las circunstancias y encontrar la fuerza para seguir adelante en la búsqueda de sus propios propósitos. A través de la perseverancia, pudo mantenerse firme a pesar de las dificultades y alcanzar sus metas.

La resiliencia y la perseverancia se fortalecen a través de la autodisciplina y la claridad de nuestros objetivos. Enfrentar y superar los desafíos nos brinda una sensación de logro y seguridad en nuestras habilidades y capacidad para enfrentar futuros obstáculos. La resiliencia también nos enseña a aprender de nuestros errores y fracasos y a utilizar esas experiencias como oportunidades de crecimiento y mejora personal.

Al combinar estas tres enseñanzas —Confianza en uno mismo, Apertura al aprendizaje y Resiliencia y perseverancia—, descubrimos que podemos enfrentar cualquier desafío en nuestro camino hacia el crecimiento personal. Manteniendo una confianza sólida en nosotros mismos, abriendo nuestras mentes al aprendizaje constante y desarrollando la resiliencia y perseverancia, podemos encontrar nuestro propósito y alcanzar nuestras metas.

Por ejemplo, una persona que está buscando cambiar de carrera puede aplicar estos principios para superar los miedos y dudas que surgen en el proceso de transición. A través de la confianza en sí misma, puede dar el primer paso hacia su nuevo camino y mantenerse firme a pesar de los obstáculos. Con una mentalidad abierta al aprendizaje, puede adquirir nuevas habilidades y conocimientos necesarios para la nueva carrera. Y, finalmente, a través de la resiliencia y perseverancia, puede superar los desafíos y mantenerse enfocada en su objetivo final. Al poner en práctica la confianza en uno mismo, la apertura al aprendizaje y la resiliencia y perseverancia, estamos creando una base sólida para lograr nuestras metas y vivir una vida plena y significativa.

Capítulo 3.
Aceptación e imperturbabilidad

☙ ❧

La práctica de «Aceptación e imperturbabilidad» se basa en los principios del estoicismo y se centra en mantener una mente tranquila y equilibrada sin importar las circunstancias externas. Estos principios pueden ser especialmente útiles en momentos de adversidad, desafíos o situaciones estresantes.

Principio 1.
Distinguir entre lo que puedes y no puedes controlar

Enfrentar situaciones difíciles y estresantes puede generar altos niveles de ansiedad y preocupación. Sin embargo, es fundamental reconocer y aplicar el principio de distinguir entre lo que podemos y no podemos controlar. Al hacerlo, podemos liberarnos de la carga emocional y enfocar nuestras energías de manera más efectiva.

Imagine a una persona que está lidiando con la pérdida de su empleo debido a circunstancias fuera de su control, como la pandemia. En lugar de preocuparse y enfocarse en lo que no puede controlar, esta persona puede centrarse en aspectos que sí puede controlar, como buscar nuevas oportunidades laborales, mejorar sus habilidades o buscar apoyo emocional para enfrentar la situación.

Distinguir entre lo que podemos y no podemos controlar nos brinda claridad y nos permite enfocarnos en acciones que están bajo nuestro poder. Al hacerlo, podemos tomar decisiones más conscientes y emprender acciones efectivas para superar los desafíos que enfrentamos.

PRINCIPIO 2.
PRACTICAR LA ACEPTACIÓN

La práctica de la aceptación implica reconocer y aceptar las circunstancias y experiencias tal como son, sin resistencia ni negación. Aceptación no significa resignación o pasividad, sino más bien abrazar la realidad tal como se presenta y decidir cómo respondemos ante ella.

Imaginemos a una persona que enfrenta una enfermedad crónica. En lugar de resistirse a la realidad y sentirse enojada o frustrada, esta persona puede practicar la aceptación al reconocer la situación y adaptarse a las nuevas circunstancias. A través de la aceptación, esta persona puede tranquilizar su mente y encontrar formas de cuidarse y buscar tratamientos que le permitan vivir la vida de la mejor manera posible.

La práctica de la aceptación no significa negar las injusticias o los desafíos que enfrentamos. En cambio, nos ayuda a reconocer y abrazar lo que es, lo que nos brinda la oportunidad de tomar decisiones más conscientes y responder de manera constructiva. Al practicar la aceptación, podemos liberarnos del sufrimiento que surge de la resistencia y la lucha contra la realidad.

PRINCIPIO 3.
CULTIVAR LA IMPERTURBABILIDAD

La imperturbabilidad se refiere a la capacidad de mantener la calma y el equilibrio emocional incluso en medio de las dificultades. No se trata de negar o suprimir las emociones, sino de observarlas y permitirles fluir sin ser arrastrados por ellas.

Imaginemos a una persona que se enfrenta a comentarios hirientes o insultantes por parte de otras personas. En lugar de dejarse llevar por la rabia o la tristeza, esta persona puede cultivar la imperturbabilidad al practicar la autocompasión y la empatía y elegir responder de manera equilibrada y compasiva.

La práctica de la imperturbabilidad se puede lograr mediante técnicas como la atención plena y la meditación. Estas prácticas nos ayudan a desarrollar una mayor conciencia del momento presente, a observar nuestras emociones y pensamientos sin ser arrastrados por ellos y a responder de manera más sabia y consciente.

Por ejemplo, en momentos de estrés en el trabajo, tomarse un breve descanso para practicar la atención plena puede ayudarnos a mantener la calma y la claridad mental. Al centrarnos en el momento presente y observar nuestros pensamientos y emociones sin juzgarlos, podemos responder de manera más equilibrada y constructiva.

Cultivar la imperturbabilidad no significa ser insensible o ignorar nuestras emociones. Más bien, nos ayuda a desarrollar una mayor capacidad para manejar las situaciones de manera calmada y equilibrada. Al hacerlo, podemos tomar decisiones más sabias y alineadas con nuestros valores y propósitos.

En resumen, la práctica de «Aceptación e imperturbabilidad» nos ofrece herramientas para encontrar un mayor equilibrio emocional y una sensación de paz interna en medio de las dificultades de la vida. Al distinguir entre lo que podemos y no podemos controlar, practicar la aceptación y cultivar la imperturbabilidad, podemos vivir de manera más plena y en consonancia con nuestros valores y propósitos.

Estos principios pueden ser aplicados en diversas situaciones en la vida, ya sea al enfrentar el odio, la marginación y la discriminación, o al lidiar con otras formas de adversidad y desafíos. Al aplicar estos conceptos con cuidado y perseverancia, podemos desarrollar una mayor capacidad para afrontar las dificultades con calma, sabiduría y resiliencia.

Recuerda que la práctica de «Aceptación e imperturbabilidad» es un viaje personal y gradual. Puede llevar tiempo y esfuerzo desarrollar estas cualidades, pero el resultado vale la pena. Cuando cultivamos un sentido de aceptación y equilibrio, podemos experimentar una mayor paz interna y vivir de manera más plena, independientemente de las circunstancias externas.

CAPÍTULO 4.
AUTOSUPERACIÓN Y PERFECCIONAMIENTO

❦

PRINCIPIO 1.
DETERMINA TUS ÁREAS DE CRECIMIENTO

En primer lugar, es esencial determinar las áreas específicas en las que deseas crecer y mejorar. Estas áreas pueden abarcar diferentes aspectos de tu vida, como habilidades personales, conocimientos técnicos, relaciones interpersonales o incluso aspectos emocionales y espirituales.

Por ejemplo, además de mejorar tus habilidades de comunicación, es posible que también quieras desarrollar tus habilidades de liderazgo, aprender sobre nuevas tecnologías o mejorar tu bienestar emocional.

Una vez que has identificado tus áreas de crecimiento, puedes establecer metas realistas y alcanzables para cada una de ellas. Por ejemplo, si deseas mejorar tus habilidades de comunicación, tu meta podría ser participar en una presentación en el trabajo o en un evento comunitario dentro de los próximos tres meses.

PRINCIPIO 2.
CREA UN PLAN DE ACCIÓN

Crear un plan de acción sólido es vital para alcanzar tus metas de autosuperación y perfeccionamiento. Este plan debe ser detallado y realista, dividiendo tus objetivos en pasos más pequeños y manejables.

Continuando con el ejemplo de mejorar tus habilidades de comunicación, aquí hay un plan de acción que podrías considerar:

1. Investiga recursos: explora diferentes opciones disponibles para desarrollar tus habilidades de comunicación. Puedes investigar cursos en línea, libros, blogs o incluso buscar grupos de práctica locales.

2. Asiste a talleres y seminarios: encuentra talleres, conferencias o programas de formación relacionados con la comunicación. Estos eventos te brindarán la oportunidad de aprender de expertos y practicar tus habilidades en un entorno seguro y de apoyo.

3. Practica regularmente: establece un horario para practicar tus habilidades de comunicación de forma regular. Puedes practicar frente al espejo, grabarte en video o buscar oportunidades para hablar en público en eventos locales.

4. Busca retroalimentación: solicita retroalimentación de personas de confianza, mentores o profesionales en el campo de la comunicación. Aprovecha sus comentarios para mejorar y ajustar tus habilidades.

5. Participa en situaciones desafiantes: busca oportunidades para poner en práctica tus habilidades de comunicación en situaciones desafiantes. Esto podría incluir presentaciones en el trabajo, participaciones en debates o liderar reuniones.

Recuerda que el plan de acción debe ser flexible y ajustable a medida que avances y enfrentes nuevos desafíos. Tomar notas y hacer un seguimiento de tus avances también puede ser una herramienta útil para evaluar tus logros y áreas de mejora.

PRINCIPIO 3.
COMPROMÉTETE CON TUS OBJETIVOS

El compromiso es fundamental para lograr el éxito en tus metas de autosuperación y perfeccionamiento. Significa estar dispuesto a invertir tiempo, energía y recursos para alcanzar tus objetivos, incluso cuando enfrentes desafíos o dificultades.

Por ejemplo, si te has comprometido a mejorar tu confianza en ti mismo, es posible que te encuentres enfrentando momentos de duda y miedo. Sin embargo, debes mantener el enfoque y recordar que el crecimiento personal implica enfrentar y superar tus limitaciones.

A lo largo del camino, es importante recordar que los errores y fracasos son oportunidades de aprendizaje y crecimiento. No permitas que los contratiempos te desanimen, sino utilízalos como una oportunidad para ajustar y mejorar tus estrategias.

Además, rodearte de personas que te apoyen y te inspiren puede ser un gran impulso en tu camino de autosuperación. Busca mentores, amigos o grupos de apoyo que compartan tus metas y te brinden aliento y apoyo en momentos difíciles.

En conclusión, la autosuperación y el perfeccionamiento requieren una determinación y compromiso constantes. Al identificar tus áreas de crecimiento, crear un plan de acción detallado y comprometerte con tus objetivos, puedes avanzar hacia la mejor versión de ti mismo.

Recuerda que el viaje de la autosuperación y el perfeccionamiento es único para cada individuo, por lo que debes establecer metas realistas y ajustar tu plan de acción de acuerdo con tus necesidades y circunstancias personales. ¡No tengas miedo de enfrentar desafíos y busca oportunidades para crecer y mejorar continuamente en todas las áreas de tu vida!

CAPÍTULO 5.
LA MEDITACIÓN Y LA ATENCIÓN PLENA

❧ ～ ❧

La meditación y la atención plena son prácticas poderosas que nos permiten explorar y cultivar una mayor conexión con nuestro ser interior, así como experimentar el mundo que nos rodea de manera más plena y consciente. A medida que profundizamos en estas prácticas, descubrimos que van más allá de simples técnicas de relajación o concentración y pueden tener un impacto significativo en nuestra calidad de vida en múltiples niveles. A continuación, exploraremos más a fondo la importancia y los beneficios de la meditación y la atención plena.

La meditación, en su esencia, es el arte de aquietar la mente y entrar en un estado de conciencia plena. Durante la meditación, nos llevamos a un espacio de calma interior donde podemos observar nuestros pensamientos, emociones y sensaciones sin apegarnos a ellos ni juzgarlos. Al desarrollar esta capacidad de observación imparcial, podemos cultivar una mayor autoconsciencia y comprensión de nuestra propia naturaleza.

A medida que practicamos la meditación regularmente, podemos experimentar una serie de beneficios. Uno de ellos es el aumento de la claridad mental. Al calmar la mente y dejar de lado la agitación y el ruido mental, podemos experimentar una mayor claridad y enfoque en nuestras actividades y decisiones diarias. Esto puede llevar a una mayor eficiencia y productividad, así como a una toma de decisiones más consciente y acertada.

La meditación también puede mejorar nuestra capacidad para manejar el estrés y las emociones negativas. A través de la práctica de la meditación, aprendemos a observar nuestras emociones sin ser arrastrados por ellas, lo que nos permite cultivar una mayor estabilidad emocional y resistencia frente a los desafíos de la vida. La meditación nos proporciona una herramienta eficaz para gestionar el estrés, reducir la ansiedad y la depresión y mejorar nuestro bienestar emocional general.

Además de los beneficios mentales y emocionales, la meditación también tiene efectos positivos en nuestro bienestar físico. Numerosos estudios científicos han demostrado que la meditación puede ayudar a reducir la presión arterial, fortalecer el sistema inmunológico, mejorar la calidad del sueño y reducir la percepción del dolor. Esta conexión mentecuerpo nos muestra cómo todas las áreas de nuestra vida están intrínsecamente interconectadas y cómo cultivar la paz interior puede tener un impacto positivo en nuestra salud física.

La atención plena, por otro lado, es una cualidad que cultivamos en la meditación y que podemos llevar a todas las situaciones de nuestra vida cotidiana. La atención plena implica estar completamente presente en el momento presente sin aferrarnos al pasado o preocuparnos por el futuro. Al practicar la atención plena, aprendemos a apreciar y saborear cada experiencia, por pequeña que sea, y a vivir de manera más consciente y auténtica.

La atención plena nos permite disfrutar plenamente de cada momento sin dejar que las preocupaciones o distracciones nos alejen de la experiencia presente. Nos ayuda a cultivar una mayor gratitud por las pequeñas cosas de la vida, a relacionarnos de manera más genuina con los demás y a encontrar un mayor sentido de conexión y propósito en nuestras acciones diarias.

Además, la atención plena nos invita a aceptar la realidad tal como es, sin juzgarla ni resistirla. Este enfoque nos permite abordar los desafíos de la vida con una mente abierta y una mayor capacidad para adaptarnos y encontrar soluciones creativas. Al practicar la atención plena, también desarrollamos una mayor compasión y empatía hacia nosotros mismos y hacia los demás, lo que fortalece nuestras relaciones y nuestra capacidad para cuidarnos mutuamente.

En resumen, la meditación y la atención plena son prácticas profundamente transformadoras que nos permiten cultivar una mayor autoconsciencia, claridad mental, estabilidad emocional, bienestar físico y conexión con el momento presente. Estas prácticas no solo están reservadas para los monjes en un retiro espiritual, sino que están al alcance de cualquier persona que esté dispuesta a dedicar tiempo y esfuerzo a desarrollarlas.

Incorporar la meditación y la atención plena en nuestra vida cotidiana puede requerir constancia y disciplina, pero los beneficios que podemos obtener son invaluables. Estas prácticas nos invitan a vivir de manera más consciente, auténtica y plena, y nos brindan las herramientas necesarias para navegar por los desafíos y altibajos de la vida con gracia y equilibrio.

Así que te animo a que te reserves un tiempo cada día para explorar la meditación y la atención plena. Comienza con sesiones cortas y aumenta gradualmente la duración a medida que te sientas más cómodo. Recuerda que cada momento de práctica cuenta y que cada pequeño paso hacia una mayor conciencia y paz interior tiene el potencial de transformar profundamente tu vida.

MEDITACIÓN VIPASSANA

La meditación *vipassana* es una de las técnicas de meditación más antiguas de India y es considerada por muchos como un nivel más avanzado de práctica meditativa. Fue enseñada por Buda hace más de dos mil quinientos años como una técnica universal para erradicar el sufrimiento.

El término «vipassana» se puede traducir como «ver las cosas tal como son», y esta es precisamente la esencia de la práctica: observar la realidad en su forma más pura sin juicios ni interpretaciones. Consiste en concentrarse en la interconexión entre cuerpo y mente, que se realiza a través de la atención a la respiración y las sensaciones físicas.

Hay pasos a seguir para entrar en una práctica de meditación *vipassana*.

Paso 1: silencio. Para practicar la meditación *vipassana*, es importante tener un entorno tranquilo. Puede ser útil dedicar un período de tiempo como retiro, en el que puedes centrarte exclusivamente en la meditación alejándote de perturbaciones y distracciones.

Paso 2: concentración en la respiración. La práctica empieza al concentrarte en tu respiración sin alterarla, simplemente observándola tal como es, sintiendo el aire entrar y salir de tus fosas nasales. Esto te ayudará a anclar tu atención en el momento presente.

Paso 3: conciencia corporal. Después de un tiempo de concentrarte en la respiración, tu atención se moverá hacia las sensaciones físicas de tu cuerpo. Este escaneo del cuerpo consiste en dirigir la atención a diferentes partes del cuerpo, desde la cabeza hasta los pies, y observar sin juzgar cualquier sensación que surja.

Paso 4: observar pensamientos y emociones. Finalmente, incorporarás tus pensamientos y emociones en la práctica de la observación. Al igual que con las sensaciones físicas, tratas de ver tus pensamientos y emociones tal como son, sin involucrarte ni juzgarlos.

Es necesario tener paciencia y consistencia en la práctica de *vipassana*. Se requiere práctica constante y disciplinada, pero, con el tiempo, puede proporcionar una percepción interna profunda y un mayor sentido de la paz y equilibrio. Debido a la profundidad y la intensidad de esta práctica, muchos practicantes recomiendan aprender *vipassana* en un retiro o con la guía de un experto o maestro experimentado.

Capítulo 6.
Comunidad y compasión

❧

En el camino del empoderamiento y el crecimiento personal, la conexión con la comunidad y la práctica de la compasión juegan un papel vital. Al ayudar a otros, no solo contribuimos al bienestar de quienes nos rodean, sino que también experimentamos una profunda interconexión con todos los seres vivos generando compasión y dejando un impacto positivo en el mundo que nos rodea.

Cultivar la compasión implica tener un corazón abierto y una voluntad de ayudar a los demás. Al dirigir nuestra atención y energía hacia las necesidades y sufrimientos de los demás, nos alejamos del egoísmo y desarrollamos una mayor sensibilidad hacia el bienestar de todos. Esto nos lleva a tomar acciones concretas para marcar una diferencia en la vida de los demás y en nuestra comunidad en general.

Una de las formas más efectivas de conectar con la comunidad y ejercer la compasión es a través del trabajo voluntario. Al unirnos a organizaciones locales, proyectos comunitarios o grupos de voluntariado, podemos contribuir activamente a causas que nos apasionan y que tienen un impacto directo en la vida de las personas. Ya sea trabajando con niños, personas mayores, animales o en proyectos medioambientales, el trabajo voluntario nos permite poner nuestros talentos y habilidades al servicio de los demás.

Además del trabajo voluntario, cultivar relaciones saludables dentro de nuestra comunidad también es esencial. Esto implica establecer conexiones genuinas con personas afines y construir redes de apoyo mutuo. Al conectarnos con otros y compartir experiencias, crecemos juntos y nos apoyamos mutuamente en nuestro camino de empoderamiento. Formar parte de una comunidad nos brinda un sentido de pertenencia y propósito compartido, lo que fortalece nuestra resiliencia y nos ayuda a superar los desafíos de la vida.

Dentro de estas relaciones comunitarias, es fundamental practicar la escucha activa y cultivar la empatía. La escucha activa implica prestar atención plena a los demás, mostrar interés genuino por sus palabras y emociones sin interrumpir ni juzgar. Al hacerlo, creamos un espacio seguro y acogedor donde las personas se sienten valoradas y comprendidas. Cultivar la empatía nos permite ponernos en los zapatos de los demás, comprender sus perspectivas y necesidades y responder de manera comprensiva y respetuosa.

Además de brindar apoyo emocional y comprensión, también podemos utilizar nuestros conocimientos y habilidades para enseñar y guiar a otros en su crecimiento personal. Compartir nuestros conocimientos y experiencias no solo es una forma efectiva de ayudar a otros a crecer, sino que también nos permite aprender y crecer en el proceso. Podemos ofrecer enseñanza formal, ser mentores para aquellos que buscan guía o compartir contenido en línea que inspire y eduque a otros. Al hacerlo, fomentamos la colaboración y la cocreación de conocimiento creando un efecto cascada con el que nuestra influencia se extiende más allá de nuestras acciones individuales.

Es importante mantener una mentalidad de aprendizaje constante para poder seguir creciendo junto con los demás. Estar abiertos a aprender de los demás y estar dispuestos a reconocer que todos tenemos algo único que ofrecer nos permite seguir evolucionando y expandiendo nuestras perspectivas. Esto implica adoptar una actitud de humildad y curiosidad valorando la sabiduría que cada individuo tiene para compartir.

La conexión con la comunidad y la práctica de la compasión son elementos fundamentales en nuestro camino de empoderamiento y crecimiento personal. Al ayudar a los demás, desarrollamos una profunda interconexión y experimentamos la alegría de marcar una diferencia en el mundo. Al cultivar relaciones saludables y practicar la escucha activa y la empatía, construimos comunidades fuertes y solidarias. Al compartir nuestros conocimientos y ser mentores, dejamos un impacto duradero en la vida de los demás. Mantener una mentalidad de aprendizaje constante nos permite crecer junto con los demás y seguir evolucionando en nuestro camino de empoderamiento. A través de la comunidad y la compasión, podemos crear un mundo más justo, amoroso y equitativo para todos.

ÍNDICE